ビジュアル

日本のお金の歴史

【飛鳥時代～戦国時代】

井上正夫 著

ゆまに書房

もくじ

銅銭が使われ始めるまでの苦労　　　　4

- 便利なお金は、消えることも……
- 布がお金だった時代
- 小説『坊っちゃん』の中の「ヒロ」
- 実は失敗！　富本銭
- 和同開珎（ほう）の誕生！──まずは銀銭から──
- きらわれた和同開珎──みんな銀銭の方がお好き──

銅銭をめぐる綱引き　　　　16

- 10倍の値打ちのある、新しい銅銭
- 10倍の値打ちのある、キケンな銅銭
- こりない「おかみ」に、こりない「しもじも」
- 泥棒が"警察官"になって取り締まり！
- みんなのほしがる銅銭は、ある日、突然に……
- あるのに使えない──水きよければ魚すまず──

※本書で使用している貨幣写真は、特に断りのあるもの以外は、すべて「日本銀行貨幣博物館所蔵」のものです。
また、貨幣の大きさについては、適宜拡大・縮小しています。

外国からやってきた銅銭　28

- 布とお米でお買いもの
- 中国からの銅銭
- 外国のお金の方が安心！
- 後醍醐天皇の夢、やぶれたり！

銅銭を守る努力が、水のアワ……　38

- ニセ金づくりが始まる
- ニセ金の問題を解決するために
- 織田信長の努力と誤算
- モトのモクアミ

銅銭が使われ始めるまでの苦労

■ 便利なお金は、消えることも……

　みなさんは、どのくらいのお金を持っていますか。貯金箱には、五百円玉、千円札、もしかしたら一万円札があるかもしれません。貯金箱の中のお金や、これからもらえるおこづかいを計算しながら、おかしやマンガを買っているのでしょうね。

　お金がたくさんあると、いろいろなものが買えて、うれしいものです。でも、オモチャやマンガをたくさんもっていても、ものは買えません。あたりまえのことですが、ものが買えるというのが、お金の特別な役割なのです。

　それなら、もし、お金がこの世から消えてしまったら、どうでしょうか。あるいは、お金はちゃんと持っているのに、お店では使えなくなってしまったらどうでしょうか。何も買えなくなるのですから、こんな不便なことはないでしょう。

　いや、そんなバカなことはありえない、とみなさんは思うかもしれません。けれども、歴史を見てみると、お金が使われなくなってしまうこともあったのです。反対に、今まで使われていなかったお金が使われ始めることもありました。お金にも、始まりと終わりがあるのです。

　お金が使われ始めたり、反対に使われなくなったりするのはなぜでしょうか。この本では、お金があらわれたり、反対に消えたりする理由を、歴史の中で考えてみます。

■ 布がお金だった時代

　今から1400年くらい前にも、お金はすでに使われていました。そのころお金として使われていたのは、おもに布と銀でした。

　その布は、麻という植物からとった糸で編んだ布です。布の大きさは、「ヒロ」という単位であらわされていて、1ヒロの布は、幅が約75センチ、長さが、大人の両手をひろげたくらいで、約180センチだったようです。ヒロは、手をひろげた長さという意味でしょうね。ですから、1400年前の人たちは、ものを買うのに、両手をひろげた長さのヒロという布を思いうかべながら、あれは10ヒロじゃ高いな、これは3ヒロなら安いぞ、というように値段を考えたわけです。

●麻布

●麻の葉

●麻の実

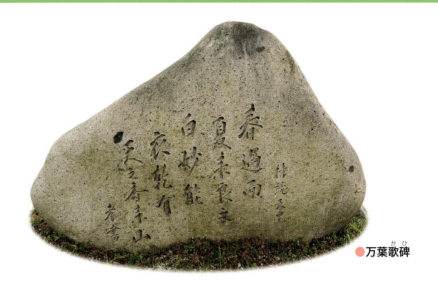
● 万葉歌碑(かひ)

ところで、『万葉集』の中に、次のような短歌があるのを知っていますか。

　春すぎて　夏きたるらし　白たえの
　衣(ころも)ほしたり　天の香具山(かぐやま)

これは、1300年くらい前によまれた歌です。干されている白たえの衣というのは、ズボンやシャツだと風情(ふぜい)がありませんから、やはり「はごろも」のような長い布が夏の風にゆられているような風景でしょうね。そうだとすると、当時の人にとっては、布というお金が干されているわけです。今の感覚だと、美しい香具山の風景の中で、一万円札が干されて、夏の風にゆられているといったところでしょうか。私(わたくし)なんかは、目の前にお札が干されて

● 藤原京復元模型(橿原市教育委員会所蔵)

●藤原宮跡（写真提供：一般社団法人橿原市観光協会）　●香具山（写真提供：一般社団法人橿原市観光協会）

いたら、よけいなことを考えてしまって、優雅(ゆうが)な気持ちにはなれないのですが、あるいは、この歌をよんだ人も、いろいろなやりくりのことを考えると、気のひきしまる思いだったのかもしれません。万葉集の歌も、こんなふうに考えると、少し生活感が出て、おもしろいと思うのですが、いかがでしょうか。

布が、お金として、1ヒロ、2ヒロという長さでモノの値段をあらわしていたということは、みなさんには信じられないことかもしれません。でも、みなさんもよく知っているB4の用紙を使えば、1ヒロの布の大きさは確かめることができます。

まず、B4の紙を何枚(まい)か用意して、2枚の紙を短い辺の方ではりつけてみてください。約73センチの幅(はば)のある紙ができるので、これで1ヒロの布の幅のできあがりです。あとは、同じようにして、73センチ幅の紙を7つつくり、今度は、それを長い辺の方ではりつないでみてください。だいたい、180センチくらいの長さになるので、それで1ヒロの大きさのできあがりです。このB4の紙2枚分の幅と、1400年前の1ヒロの布の幅が、ほぼ同じだというのは、偶然(ぐうぜん)なのかどうかわかりません。あるいは、B4の大きさにも、古代の布のお金の「あしあと」が残っているのかもしれません。

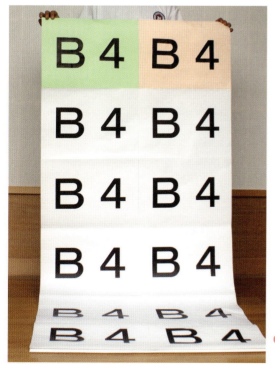

●B4の紙をこのようにつなぎ合わせていくと、1ヒロの大きさができる。

小説『坊っちゃん』の中の「ヒロ」

　また、ヒロという言葉は、海の深さをいいあらわすのに使われています。たとえば、夏目漱石の『坊っちゃん』という有名な小説の中で、主人公の坊っちゃんと赤シャツがいっしょに釣りにいった場面が、次のようにあります。

此所らがいいだろうと船頭は船をとめて、錨を卸した。幾尋あるかねと赤シャツが聞くと、六尋位だという。六尋位じゃ鯛はむずかしいな、と赤シャツは糸を海へなげ込んだ。　　（夏目漱石『坊っちゃん』）

　『坊っちゃん』は明治時代の小説なので、1900年ごろには、ヒロという言葉は多くの日本人が聞いてもわかる言葉だったのです。今では、私たちはあまりこの言葉は使いません。けれども、漁師さんたちは、海の深さをヒロで表現しているようです。1400年も前に、お金の単位として使われていたヒロという言葉が、今も残っているのは、おどろきですね。

　それから、この1ヒロの大きさは、私がインドで買ったサリーというスカーフみたいな布地の大きさと、ほぼ同じでした。これも、偶然なのかどうかわかりません。でも、人間が布をあつかうときには、手で布をひろげて見るのですから、どこの地域でも、1ヒロくらいの大きさが、布の単位になるとしても、不思議ではありません。

　布のほかには、銀もまた、お金として利用されました。こちらは、10グラムくらいの丸い銀のお金で、「無文銀銭」とよばれています。

●インドのサリーには、1ヒロと同じ長さのものがある。

無文銀銭

名まえは無文でも、中には線や文字が刻まれているものがある。

●唐橋遺跡出土
（滋賀県立琵琶湖博物館提供）

●尼子西遺跡出土
（滋賀県教育委員会提供）

●小倉町別当町遺跡出土
（京都市埋蔵文化財研究所提供）

丸くて銀色のお金ですから、五百円玉みたいなものを想像してみてください。布にくらべたら、この銀銭のほうは、お金だということは、わかりやすいかもしれません。これを1枚、2枚…と数えて、値段をあらわすわけです。もっとも、当時は1文、2文と数えて、この着物の値段は銀3文だ、というように計算したようです。銀銭には、しばしば銀の破片が打ちつけられていますから、一定の重さに調整しようとしていたことがわかります。

それなら、そのお金だという布1ヒロや銀銭1文では、何が買えたのでしょうか。まず、当時の布は、今のように機械で安くつくれるものではなく、手づくりだったのです。みなさんも、家庭科の時間に裁縫をしたことがあるでしょう。針と糸を少し使っただけでも苦労するのに、糸をつくって、その糸から布を織りなすのは、たいへんなことです。ですから、布も今とはくらべものにならないほど、値打ちがあったのです。一方の銀銭も1枚で、布3ヒロくらいの値打ちがあったと考えられています。ですから、銀銭1文や布1ヒロというお金は、かなり高額だということになります。

どうやら、お金といっても、みなさんがおこづかいでおかしを買うような調子で使うものではなさそうですね。安い買いものをするときには、米を少量持参して買ったのかもしれません。あるいは、おたがいがものを持ちよって、こっちの野菜とそっちの魚を交換したのかもしれません。銀銭や布は、高価な品物（たとえば、シルクの生地、家、馬など）の大人の買いものに利用されたのでしょう。

●銀銭はシルクなど高級品の買いものに利用された。

実は失敗！ 富本銭（ふほんせん）

　7世紀の終わりころ、日本は、畿内（奈良とその近くの4つの区域）を中心にして、新しい国づくりを進めていました。そのためには、建物をつくったり、道路を整備したりしなければいけません。そうなると、たくさんの資材や人の力が必要です。当時はおもに布や銀がお金ですから、それには布や銀がたくさん必要になります。けれども、布や銀をまともにつくっていたら、とても時間がかかってしまいます。

●飛鳥池工房遺跡・炉跡群の復原遺構。この地で富本銭がつくられた。
（奈良県立万葉文化館所蔵）

　そこで、当時の政府が考えたことは、新しいお金をつくることでした。それも、安くてかんたんにつくれる銅のお金です。これを使って支払いをすれば、いくらでもものが買えるし人も集まると考えたわけです。こうすれば、都の建設もどんどん進むことになります。あるいは、世の中全体でもお金が増えて、みんなにも便利で、しかも、みんながお金持ちになると考えたのかもしれません。

　こうしてつくられたのが、銅でできた新しいお金、銅銭です。そして、政府は、この新しい銅銭を使うように命令し、無文銀銭のほうは使うことを禁止したのです。政府からすれば、新しい銅のお金をどんどんつくりだすのですから、もう無文銀銭はなくてもよいという理屈でしょう。また、人々がいつまでも無文銀銭をほしがっていたのでは、新しい銅のお金を使わないかもしれません。つまり、人々に新しいお金を使ってもらうためには、無文銀銭はかえってジャマモノになるのです。そこで政府は、銅の新しいお金を出すさいに、銀のお金を使わないように命令したのです。

　けれども、このやり方は見事に失敗してしまいました。政府は、新しい銅のお金を使う

●富本銭──7つの点が左右に配置されている。

●富本銭と鋳棹──鋳棹は、とかした銅を鋳型に流しこんだ際にできる。

（資料はいずれも奈良文化財研究所所蔵）

ように命令したわずか3日後には、その命令を取りやめにしたのです。おそらく人々が、その命令をいやがって、ものの売り買いじたいをやめてしまったからでしょう。ものの売り買いができないのでは、政府は都の建設のためのものをたくさん買い入れるどころではありません。それで、先の命令は取りやめになったのです。結局、このときの政府には、人々の感覚（お金は銀だという昔からの考え）を変えることはできなかったのです。

記録では、7世紀の終わりころ、つまり今から1300年くらい前には、何度か銅でできたお金が出されたことがわかります。富本銭という銅のお金も、そのころつくられたものです。けれども、富本銭は、不人気のまま流通することなく、消えていきました。「銅のお金を使え！」と政府は命令したにもかかわらず、人々がそれに素直にしたがうことはなかったのです。

600年代の銀銭と銅銭に関連する記録

年	内容
674年	対馬国に出た銀が献上される。
683年	銅銭を用いることを命じる。銀銭は禁止する。
683年	銀銭の禁止の3日後に、その禁止をとりやめる。
691年	伊予国に出た銀が献上される。
694年	直広肆大宅朝臣麻呂たちを銭づくりの役所の担当とする。
698年	因幡国から銅の鉱が献上される。
698年	周防国から銅の鉱が献上される。
699年	初めて銭づくりの役所を置く。

注：699年が、なぜ「初めて」なのかは、よくわかっていません。

和同開珎の誕生！——まずは銀銭から——

　銅でできた新しいお金は、政府には「魔法のお金」になるはずでした。それを人々が素直に受け取ってくれさえすれば、安い銅の破片で、いくらでも高いものが買えるのですから。

　8世紀の初めごろには、奈良で新しい都、平城京の建設が進んでいました。ですから、ものや人を集めるために、政府は銅でできた新しいお金に値打ちをつけて、どんどん支払いにあてたいと願ったのです。

● 平城京大極殿（復元建物）

● 平城宮（復元模型）

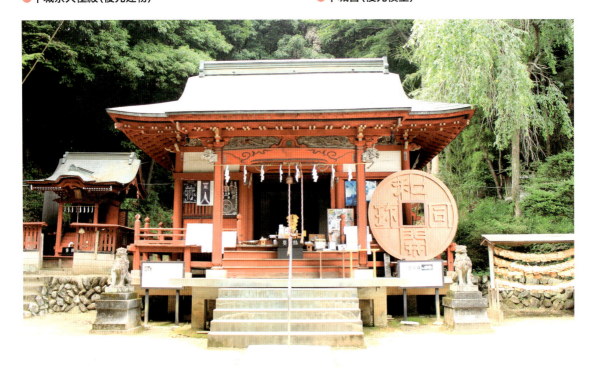
● 聖神社（和同開珎にゆかりのある神社。埼玉県秩父市）

しかし、無理やり人々に銅のお金を使わせようとしてもうまくいかないことは、よくわかっていました。そこで、708年に、新しい銅のお金を発行するときには、前の失敗の反省から、いろいろな工夫がこらされたのです。

まず、埼玉県の秩父から新しい銅が産出したことを、大々的に祝いました。元号も変更して和銅とし、708年は和銅元年になりました。これから銅の新しいお金をつくるのはすばらしい、という雰囲気をつくりだそうとしたのです。一種のパフォーマンスですね。

その上で、新しいお金として、まず和同開珎という「銀」のお金を鋳造したのです。「えっ、それはヘンだよ」と、みなさんは思うに違いありません。今は、銅の新しいお金の話をしているのに、どうして銀のお金が出てくるのでしょうか。

これにはわけがあります。思い出してください。富本銭のときに失敗した理由は、人々が銀銭こそがお金だと信じて、銅銭を受け取ることをいやがったからでした。つまり、政府からすれば、そのころ使われていた10グラ

●和同開珎の記念碑（埼玉県秩父市）

ムの無文銀銭は、銅銭という新しいお金を使ってもらおうとした場合、かえってじゃま者だったのです。10グラムの無文銀銭が世の中にあるかぎり、人々は無文銀銭ばかりを大事にして、銅銭を受け取りません。そういうわけで、政府はまず、和同開珎の銀銭という約5グラムの銀のお金を発行して、10グラムの無文銀銭の代わりとして使うように命令したのです。10グラムの銀のお金を世の中から減らしていき、しまいにはなくしてしまおうという作戦ですね。そうすれば、人々が10グラムの無文銀銭を選ぶことはできなくなります。

この目論見は成功しました。すぐに人々は和同開珎の銀銭を使い始めたのです。同じ銀でできていたという理由からでしょうか、人々は、10グラムの銀銭と5グラムの和同開珎の銀銭は、同じ値打ちとして理解したのです。政府のほうは、10グラムの銀のお金をとかして、5グラムの和同開珎の銀銭をどんどんつくっていきました。10グラムの銀のお金が世の中から減っていったのはいうまでもありません。

●和同開珎（銀銭）
「開」の字の門構えの内側が閉じている。和銅年間のごく初期に鋳造された。

きらわれた和同開珎
―― みんな銀銭の方がお好き ――

　その上で政府は、和同開珎の銀銭と同じ形、同じ文字、同じ大きさの銅のお金、つまり和同開珎の銅銭をつくって、和同開珎の銀銭と同じ値打ちで使うことを命令しました。

　けれども、いくら形や大きさが同じだからといっても、和同開珎の銅銭は、銀銭のようには受け取ってもらえませんでした。同じ大きさで同じ形なのだから、双方は同じ値打ちだと人々に説明しても、人々は、銀銭ばかりを大切にして銅銭をちっともほしがらなかったのです。これでは、いくら和同開珎の銅銭をつくったとしても、都の建設に必要なものや人を集めることができません。

　そこで、翌年の709年には、和同開珎の銀銭を人々が使用することを禁止してしまいました。和同開珎の銅銭を人々に使ってもらうためには、今度は人気のある和同開珎の銀銭がじゃま者だというわけです。

　さて人々は、その命令に素直にしたがったでしょうか。もちろん中には、しぶしぶそれにしたがって、和同開珎の銅銭を銀銭と同じだとして受け取った人もあったかもしれません。でも多くの人々は、政府の命令にはしたがいませんでした。なぜでしょうか。和同開珎の銅銭がお金だということが理解できなかったのでしょうか。そうではありません。お金だというのはわかっているけれど、政府のいうような値打ちで受け取ってしまったら最後、自分が損をすると不安だったからです。

　政府のほうも、命令するばかりでは、人々がこの新しい銅のお金を使ってくれる見こみのないことはわかっていました。そこで、和同開珎を旅先で使用すると便利だとか、銅銭1枚はこのくらいのお米にかえなさいとか、いろいろと宣伝したり命令したりしました。ところが、それでも人々は、和同開珎の銅銭をきらったのです。

　そこで、政府は別の作戦を考え出しました。今度は、銅銭を受け取って貯金する人には、政府が表彰して、銅銭との交換でりっぱな位をさずけるという方法でした。

　この方法は、かなりの効果があったようです。少しずつ、銅銭は人々に受け取られるようになりました。もちろん、銅銭で位がさずかれるといっても、少々の金額では無理でしたから、一般の人たちには、位が与えられるチャンスはありません。けれども、豊かな人ならばどうでしょう。そういう人たちならば、偉くなるために、位を買い取ろうかという人も出てきます。そうなると、一般の人たちが、働いた分の給料として、政府から不人気な銅銭を無理やり押しつけられたとしても、一方で、偉くなるために銅銭をほしがる豊かな人

● 和同開珎（銅銭）
「開」の字の門構えの内側が開いている。和同開珎の発行後、しばらくして鋳造されはじめた新しいスタイル。

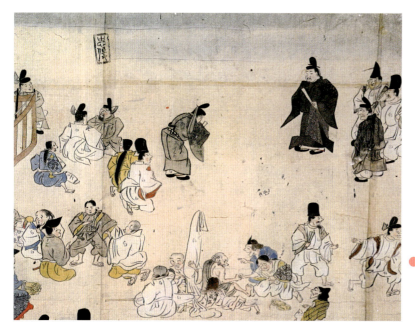

● 役人と庶民──庶民にはどうでもよくても、役人にとって位は絶対である。『年中行事絵巻』より。

がいれば、そういう人のところへ銅銭を持っていって、何がしらかのものと交換してもらえるという希望が出てきます。こうして、銅銭を持つことに希望を持つ人が少しずつ増えてきたのでしょう。まもなく、銅銭は多くの人々に使用され始めたのです。

8世紀から10世紀の銅銭の鋳造

順番	銅銭の名前	鋳造を開始した年
1	和同開珎（わどうかいちん／ほう）	708
2	万年通宝（まんねんつうほう）	760
3	神功開宝（じんぐうかいほう）	765
4	隆平永宝（りゅうへいえいほう）	796
5	富寿神宝（ふじゅしんぽう）	818
6	承和昌宝（じょうわしょうほう）	835
7	長年大宝（ちょうねんたいほう）	848
8	饒益神宝（にょうやくしんぽう）	859
9	貞観永宝（じょうがんえいほう）	870
10	寛平大宝（かんぴょうたいほう）	890
11	延喜通宝（えんぎつうほう）	907
12	乾元大宝（けんげんたいほう）	958

銅銭をめぐる綱引き

● 10倍の値打ちのある、新しい銅銭

　和同開珎の銅銭は、人々に使われるようになりました。けれども結局は、政府の予定したような値打ちにはなりませんでした。722年ごろには、当初の目標の50分の1くらいのものしか買えなくなっていたようです。たしかに、銅銭を人々に使ってもらうという目標だけは達成されました。しかし、安い銅でつくった銅銭に高い値打ちをつけて、どんどんものを買い集めることはできなかったのです。その後も、銅銭で買えるものの量は減っていきました。

　しかし、いつの時代もそうですが、政府にはいくらでもお金が必要なのです。役所につとめる人に給料を支払ったり、新しい建物を建てたり、道路をつくったりと、お金はいくらあっても足りません。そこで、760年に政府は、またしても、安い銅でつくったお金に高い値打ちをつける方法を考え出しました。今度は、人々が使っている和同開珎の銅銭10枚、つまり10文に相当する新しい銅銭をつくったのです。その新しい銅銭の名前は、万年通宝。1枚で10文だというわけです。

　意外なことに、このときには、人々は新しい銅銭をきらうことなく、わりあい素直に受け取りました。この新しい銅銭は、和同開珎の10倍の値打ちだとして、売り買いに使用されたのです。たとえば、野菜1盛りの値段が72文だとしたら、新しい万年通宝が7枚で70文、和同開珎の銅銭が2枚で2文、合計72文だというように使ったのです。

　こうして、新しい銅銭が1枚で10文として世の中にいきわたるにつれて、より多くの人たちに、より多くのお金を使うチャンスが与えられたのです。とはいっても、世の中の品物のほうは、急には増えません。1枚で10文の価値を持つお金を持った人が、買いものを

銀の重さで示した銅銭1枚の価値

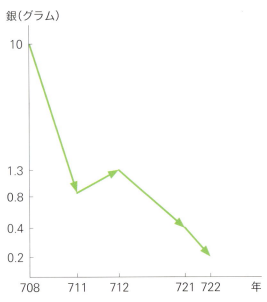

しにお店に次々とやってきたとしても、お店にある品物の数は、前とそんなに変わらないのです。かぎりある品物を、多くの人たちがきそって買おうとした結果、品物の値段は上がってしまうことになります。

結局、新しいお金をつくってから10年を過ぎた770年ころには、ものの値段は昔の10倍になっていました。760年より前には、和同開珎1枚で買えていた品物は、10文の値段になってしまったのです。

これは政府にとっても同じことです。たとえば、新しいお金が出る前には、政府は和同開珎1枚をつくれば、米が1キロ買えたとしましょう。新しいお金は10文なので、政府は、それ1枚でお米を10キロ買えていたはずです。ところが、米の値段も10倍になってしまうと、万年通宝は10文の価値だけれども、お米は1

米60キロの値段の変化

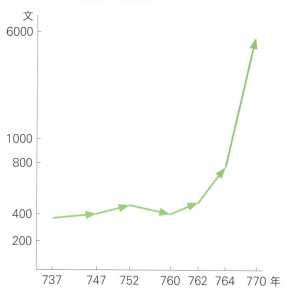

キロが10文ですから、結局、お米を1キロしか買えなくなってしまったのです。

それだけではありません。一方で、人々は勝手に、和同開珎も新しいお金と同じ値打ちとして使用し始めたのです。もともと政府は、新しいお金は、和同開珎の10倍の価値だと命令したはずです。それなのに、10年後には、人々の中では、和同開珎と新しい銅銭とは同じ値打ちになってしまっていたのです。考えてみれば、同じように銅でできたお金ですから、名前が少々違っていても形がよく似ている以上、同じ値打ちだとするほうが便利だったのかもしれません。

そのうちに、どちらの銅銭も同じなので、1枚が10文という意識も消え去りました。そして最後には、どの銅銭もすべて1枚が1文になってしまいました。結局、人々の買いもののやり方は、新しい銅銭をつくる前と同じになってしまったのです。またしても人々は、政府の命令したとおりには、行動しなかったのです。

●万年通宝（まんねんつうほう）
760年初鋳。和同開珎より少しだけ大きい。価値は和同開珎の銅銭の10倍とされた。

●神功開宝（じんぐうかいほう）
765年初鋳。価値は万年通宝と同じで、和同開珎の銅銭の10倍とされた。

🟥 10倍の値打ちのある、キケンな銅銭

　760年に発行した新しい銅銭は、政府が和同開珎の10倍の値打ちがあるといったにもかかわらず、いつの間にか和同開珎と同じ値打ちになってしまいました。値打ちが同じになってしまった3種類の銅銭（和同開珎、万年通宝、神功開宝）は、値打ちのうえでは1枚で1文となったのです。

　けれども、政府にとっては、たくさんのお金が必要なのは、いつの時代も同じです。このころ政府は、桓武天皇を中心にして、都を京都に移し、都市の建設を続けていました。新しい都をつくることができる桓武天皇のエネルギーは相当なものだったでしょう。そういうわけで政府は、796年に新しい銅銭をつくりました。隆平永宝という銅銭です。これを、人々が使っている銅銭の10倍の値打ちで使うように命令したのです。

　けれども、760年のときとは違って、このときは、もう一つ別の命令がいっしょに出されました。その命令とは、人々がそれまで使っていた和同開珎と万年通宝と神功開宝は、4年以内に使えなくなるというものでした。

　どうして、そんな命令が出されたのでしょうか。

　一つの理由は、それまでの銅銭は1枚が1文なので、その10枚（10文）と、新しい銅銭の1枚（10文）を交換することによって、たくさんの銅銭を集め、それを材料にして、新しい隆平永宝をつくって、多くの品物を買い取

● **隆平永宝**
796年初鋳。価値は、和同開珎、万年通宝、神功開宝の10倍とされた。これ以後に、新しく出された銅銭は、古い銅銭の10倍の価値とされ、古い銅銭は、種類にかかわらず、すべて同じ価値とされた。

● 桓武天皇

●平安京復元模型

ろうとしたからでしょう。

　もう一つの理由は、760年のときの経験があったからです。そのときには、1枚1文の和同開珎での売買を認めていたので、新しい銅銭の値打ちはいつの間にか下がってしまい、最後には和同開珎の値打ちと同じになってしまいました。つまり796年には、人々がすでに使っている銅銭をそのままにしていたのでは、新しい隆平永宝の値打ちが下がってしまうと、政府は考えたわけです。お金は、数が少ないほうが値打ちがありそうですから、それまでの銅銭を使えなくして、新しい銅銭に高い値打ちをつけて、たくさんの品物を買い取ろうとしたのは、政府の立場からしたら当然かもしれません。

　理由はともあれ、結果は政府が考えていたのとは、ぜんぜん違ってしまいました。新しい銅銭の値打ちはどんどん下がるだけでなく、しまいには使われなくなっていったのです。なぜでしょうか。

　もしみなさんが、この時代に生きていたとしたら、銅銭の将来をどう思うでしょうか。かつては政府が使いなさいと命令し、100年近く使い続けている銅銭なのに、急に、それが使えなくなるといわれるのです。しかも、その命令は、都を奈良から京都（平安京）に移してしまうほどパワフルな桓武天皇のものです。以前のように、自分たちが勝手に銅銭の値打ちを変更して使うことなど許されそうにありません。こうなると、「これはまずいよ、新しい銅銭もいつか使えなくなるかもしれない」と不安になるのではないでしょうか。こうして、すべての銅銭の値打ちがあっという間に下がっていったのです。銅銭で売り買いをしようという人はどんどん減っていき、お米をお金の代わりにして買いものをするようになったのです。政府は、新しい銅銭で多くの買い入れをしようと思っていたのに、もうそれどころではなくなってしまいました。

　808年になって政府は、新しい隆平永宝と同じように、それ以前の銅銭も使えるようにしました。銅銭を使うのは不安だと思っていた人々をなだめようとしたわけです。こうして人々は、また銅銭を使い始めました。けれども、その後も銅銭の値打ちはすぐには回復しなかったようです。

■ こりない「おかみ」に、こりない「しもじも」

　新しい銅銭に、それまでの銅銭の10倍の値打ちをつけて支払いに利用しようとしても、結局、新しい銅銭の値打ちは下がっていくことが、明らかになりました。それでも政府は、人々の使っている銅銭の10倍の値打ちのある銅銭をつくって、それでどんどん買い入れをしようという夢をすてませんでした。

　818年、ふたたび政府は新しい銅銭、富寿神宝をつくりました。けれども、そのときには、それまでの銅銭（和同開珎から隆平永宝までの銅銭）の使用を禁止することはしませんでした。そんなことをすれば、人々が不安になって、新しい銅銭まで受け取られなくなってしまうことを覚えていたからです。そのためでしょうか、新しい銅銭は、それまでの銅銭の10倍の値打ちで使用されました。政府は、より多くの品物を買い入れることができ、人々も、その新しい銅銭でいろいろなものを購入できました。

　ここで、銅銭をめぐる損得を考えてみましょう。損得は、政府と一般の人たちとが同じというわけではありません。たとえば、以前には、銅銭1文で1キロのお米が買えたとしましょう。この場合、新しい銅銭1枚が10文という値打ちで、少なくともしばらくの間は使われるのですから、政府は、新しい銅銭1枚で10キロのお米の買い入れができます。政府は、トクをするわけですね。

　これに対して、一般の人々はどうでしょう。それまでは、10日働いて、10枚の銅銭を手に入れて、10キロのお米を買っていました。今度は、10日働いて1枚の新しい銅銭を受け取って10キロのお米を手に入れるだけですから、変化はありません。それならば、人々の生活にはまったく変化はないのでしょうか。

　本当はそうではありません。政府に、新しいお金ができて、どんどん支払いができるようになれば、次々に新しい建物を建てることができます。そうすると、そこで働く人が必要になり、仕事のない人がやとわれて給料が支払われることになります。新しい銅銭に高い値打ちをつけて支払いにあてることは、仕事にありつける人々にとっても、ありがたいことだったのです。

●富寿神宝
818年初鋳。

●承和昌宝
835年初鋳。

● 長年大宝
ちょうねんたいほう
848年初鋳。

● 饒益神宝
にょうやくしんぽう
859年初鋳。皇朝十二銭の中では、残存数が最も少ないとされている。
こうちょう

● 貞観永宝
じょうがんえいほう
870年初鋳。

● 寛平大宝
かんぴょうたいほう
890年初鋳。

　ただしこの新しい銅銭も、すぐに値打ちが下がってしまいました。もはや新しい銅銭では、政府は多くのものを買い入れ、多くの人をやとうことはできなくなったのです。けれども、新しい銅銭の値打ちが下がっていくことも、一部の人々の生活には影響があるのです。

　たとえば、あなたが新しい銅銭がつくられる818年より前に10文の借金をして、返せなくてこまっているとしましょう。あなたは、本当ならば10日間働いて、飲まず食わずで、その10文の借金を返さなければいけないのです。ところが、ものの値段がどんどん上がって、お米1キロの値段も人間の1日の給料も10文になったらどうでしょう。新しい銅銭の値打ちが下がってしまうことによって、あなたは1日働けば、新しい銅銭1枚、つまり10文が手にはいります。もちろん、これでは米は1キロしか買えません。けれども、この値打ちの下がった新しい銅銭1枚を持っていけば、昔の10文の借金を返せることになります。本当ならば、10日間仕事をしてやっと返せる借金を、1日働いただけで返せるのです。

　もちろん、あなたにお金を貸した人は、そんな値打ちの下がった新しい銅銭（ここでは富寿神宝）1枚を見せられて、昔貸した銅銭10枚の10文の分だといわれても、納得しません。お金を貸したころには、10文で10キロのお米が買えたのに、今では1キロの米しか買えないのですから。けれども、法律どおりに考えれば、その値打ちの下がった新しい銅銭も、お米は1キロしか買えなくてもやはり10文なのですから、しかたがありません。おそらく彼は、あなたに猛烈に抗議するでしょう。しかし、あなたも負けてはいられません。法律では10文だといい張って、借金は返したことに

するに違いありません。

　結局、新しい銅銭で政府が支払いを始めることは、何も政府だけがトクをしたわけではなかったのです。人々の中には、仕事があたえられたり、借金が軽くなったりしてトクをする人たちもいたことになります。

　このように、新しい銅銭がもとの銅銭の10倍の値打ちがつけられて出まわっていくうちに、値打ちが下がっていくということが、9世紀には、6回もくり返されました。先の富寿神宝の後、835年には承和昌宝、848年の長年大宝、859年の饒益神宝、870年の貞観永宝、890年の寛平大宝です。同じようなことが、十数年に1度のペースでくり返されたのですから、当時の「おかみ」はまったく反省がないように思われるかもしれません。けれども、「しもじも」つまり一般の人々の間でもトクをする人たちがいたからこそ、同じことが何度もこりずにくり返されたのではないでしょうか。

■ 泥棒が"警察官"になって取り締まり！

　10世紀にはいっても、政府は同じことを試みました。新しい銅銭、延喜通宝を10倍の価値だと宣言したのです。けれども、このときには、新しい銅銭は高い値打ちでは使われませんでした。おそらく、9世紀に6回も同じことがくり返されたために、新しい銅銭はかならず値打ちが下がるという雰囲気が満ち満ちてしまい、その結果、新しい銅銭の値打ちは、あっという間に下がってしまったのでしょう。同じ銅銭なのに、みんなが値打ちを認めれば値打ちがあるけれど、ないと疑えば値打ちが下がるのですから、お金の値打ちなどいいかげんなものです。

　それならば政府は、新しい銅銭でより多くのものを買う夢をすててしまったのでしょうか。いえ、けっしてそうではありません。ただ、10倍の値打ちをつける方法では、人々が、値打ちが下がるのを見こしています。そこで新しく考え出されたのは、銅銭1文でたくさんのものが買えるように、世の中のものの値段を下げることでした。

　たとえばお米1キロの値段が、銅銭2文だっ

●延喜通宝
907年初鋳。10倍の価値で発行されたのは確かであるが、人々が10倍で使用した形跡はない。

●乾元大宝
958年初鋳。銅が不足していたのか、鉛の含有量が多いものもある。

たとしましょう。これが、1キロ1文に値下がりすれば、銅銭2枚で2キロのお米が買えます。つまり、ものの値段が下がると、政府がつくった銅銭で、より多くのものが買えるわけです。

そのために政府は、物価を下げる法律をつくりました。けれども、法律がつくられたからといって、ものの値段が下がるわけではありません。ものの値段は、ものがどのくらいあるかによって、あるいは人々の気持ちによってもぜんぜん違ってくるのです。法律で米の値段をいくらと決めても、お米が少ないときには高くなるし、少なくなるかもしれないと不安になるだけで、お米の値段は高くなります。そこで政府は、ものの値段を下げるために、今度は、"警察官"（検非違使）を使って見張りを始めました。

ところで、このころの"警察官"の中には、放免とよばれていて、その言葉のとおり、許されて外に出された人、つまりもとは罪人だった人もいました。牢屋の中でくい改めて、ちゃんと仕事ができそうな人を、牢屋から出した後で"警察官"にしたのです。そうすれば、"警察"のほうでは世の中の泥棒連中がどこにかくれているのかよくわからなくても、かつてはそういう世界にいた放免たちなら、泥棒たちの行先をよく知っているので、泥棒の取り締まりにも便利だというわけです。

けれども、放免は、もとは罪人です。乱暴をはたらいたり、奇妙な服装で歩き回ったり、あまり行儀はよろしくなかったのです。もっとも、"警察官"である以上、泥棒や悪い人たちを取り締まっていくわけですから、人一倍元気な人でなければ仕事はつとまらないでしょう。ケンカが強いとか服装がハデだとしても、当時の人たちは、それがあたりまえだと思っていたのです。けれども、ときにはやりすぎて、人々に迷惑をかけることもあったようです。政府は、こういう元気で少々乱暴な放免に命令して、ものの値段が高くならないように、人々の売り買いの見張りをさせたのです。ものの値段が安ければ、政府のつくった銅銭1枚で、たくさんのものが買えると考えたのです。

●放免。『伴大納言絵詞』より。
くねった棒・ヒゲ・赤色の交じった服が、放免のトレードマーク。

みんなのほしがる銅銭は、ある日、突然に……

政府がつくる新しい銅銭1枚で、より多くのものが買えるように、"警察"を使ってものの値段を見張っておく方法は、900年ころに始まりました。けれども、見張りをするといっても、"警察官"（検非違使）が人々の売り買いを四六時中見ておくのは無理です。ですから、ものの値段を安くしなさいという法律があっても、実際は、あまり効き目はなかったかもしれません。

とはいえ10世紀には、ものの値段は安定していました。その原因は、9世紀のように、新しい銅銭をつくって10倍の値打ちだといって支払うということを政府がしなくなったからです。

また銅銭は、10世紀でも人々の間ではかなり使われていました。買った家の値段がいくらだとか、お米の値段がいくらだとか、そういうことを伝える手紙も残っています。ただ、このころの日本では、あまり銅が取れなくなって、新しい銅銭をつくるのもたいへんになってきました。少しずつ、世の中にある銅銭は減っていたかもしれません。また、銅銭が使われていたのは、京都や奈良といった当時の日本の中心地、あるいは近畿地方だけで、田舎の人は銅銭をおまじないに使っただけだと、多くの研究者は考えているようです。私自身は、田舎の人も、たとえば、都にいくときのためとか、都の品物が港に届いたときの買いもの用に、ある程度の銅銭を持っていたと思っています。今でも、日本の各地で古い

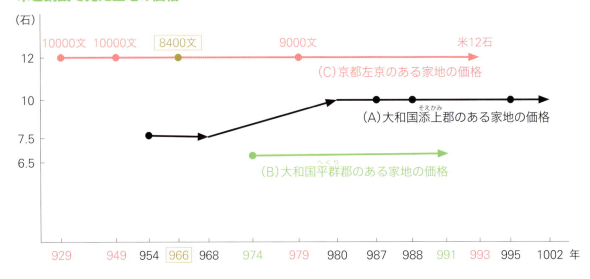

米と銅銭で見た土地の価格

(A)と(B)から見ると、900年代の土地の値段は、あまり変化がなかったことがわかる。よって、(C)の土地の値段が、10000文→9000文→米12石となっているのも、値段としてはあまり変化がなかったと考えられる。ちなみに、966年の米12石の値段は、8400文であった。
土地を示す線の色と、その土地の取引のあった年の色は、同じにしている。

時代の銅銭が出土します。みなさんは、地方で出土した銅銭を見てどのように考えるでしょうか。

　それはともかく、984年までは、銅銭は少なくとも都では、値打ちが下がることもなく、買いものに利用されていました。ところが、この984年という年に、急に銅銭は売り買いで使われなくなってしまいました。

　ということは、銅銭は世の中からなくなってしまったのでしょうか。そうではありません。それどころか、銅銭は人々の目の前にたくさんあるのに、使われなくなってしまったのです。

　それなら人々は、それを見て喜んだでしょうか？　けっして、そうではありません。使われなくなった銅銭を見て、人々は不便だといってなげき悲しんだと記録されています。

　そんなことなら、それまでどおり、素直に

●櫃石島の大浦浜遺跡から出土した銅銭
（香川県埋蔵文化財センター所蔵）

銅銭を使えばよさそうなものです。なぜ人々は、銅銭で買いものがしたいのに、目の前にたくさんある銅銭では、買いものができなくなってしまったのでしょうか。その理由は、人々が、銅銭を使用するのが不安になってしまったからです。

●大浦浜遺跡の発掘現場のようす――今はひなびた島も、昔は人の集まるステーションだった。
（香川県埋蔵文化財センター所蔵）

あるのに使えない
──水きよければ魚すまず──

　984年からの2年間は、平安時代の歴史の中でも、めずらしい時期でした。急に、しかも強力に政治改革が行われたのです。もっとも強烈であったのは、法律にまかせて、きびしく人々の生活を取り締まったことです。

　あるいは、みなさんは、法律どおりに"警察官"（検非違使）が取り締まりをするのはあたりまえだろう、と思うでしょう。でも、考えてみてください。みなさんの家の人は、自動車を規則どおりのスピードで運転していますか。間違いなく、世の中の大部分の人が、制限速度をこえて運転していますよね。もし、これを全員取り締まって罰金をとったら、どうなるでしょうか。どこもかしこも、"警察官"に捕まる車ばかりになり、たちまち大渋滞です。もちろん本当は、きびしく取り締まって、みんなが安全に運転できるようになればいいのでしょうけれど、そんなことはだれも望んでいないし、取り締まりを法律どおりにやってしまえば、かえって生活ができなくなるかもしれません。水きよければ魚すまず、というわけですね。

　これと同じことが、984年にはおこったのです。当時の政府は、法律どおりに人々の生活を制限しました。たとえば、都の中では稲はつくってはいけないという法律がありました。でも実際には、人々は生活のために、空き地を見つけては、米をつくっていたのです。かといって、それまでの政府は、そんな法律があるからといって、都でのお米づくりをいちいち取り締まることなどしませんでした。あたりまえですよね。

　けれども984年の政府は、容赦なく、人々のつくっていた稲を切りすてました。人々は、どう感じたでしょうか。「政府の人たちは気がおかしくなったか、怖いよ」と思ったに違いありません。銅銭が使われなくなってしまったのは、まさにこのときでした。ものの値段を下げようという法律があるので、それを守らずに高い値段で売れば、罰せられてしまうかもしれません。もちろんものを安く売ればよいのでしょうが、ものが不足したり人気が出たりして、値段が高くなるのは、いつの時代も同じです。それなのにものを高く売って、警察に捕まるのならば、もはや銅銭など使って買いものをするのは危なくてしかたありません。しかも、取り締まりにあたるのが、あの放免という乱暴な人たちなのです。人々が不安にならないはずがありません。こうして、だれも銅銭を受け取ろうとしなくなったのです。銅銭は、あっという間に、ただの銅のクズになってしまいました。

　もちろん、このことは政府にとっても一大事でした。そもそも、銅銭が使われなくなると、政府が持っている銅銭も使えなくなるわけですから、政府もこまるわけです。

　そこで政府は、"警察官"に命令して、人々に銅銭を使うように監視させました。けれども、もともとが値段のことで"警察官"に捕まるのが不安で、みんな銅銭を受け取らなくなったのですから、"警察"がきびしく監視することによって、銅銭はますますきらわれた

に違いありません。

　一方では、銅銭がふたたび使われるように、政府は神社やお寺にお願いしてお祈りをしてもらいました。これについて、みなさんはどう思われるでしょうか。非科学的で効果はないよと考えるに違いありません。しかし、この時代の人たちは、たとえば病気のときにまずしたことは、お祈りでした。お医者さんや薬というのは、その次で、お祈りというのが絶対的に大切だったのです。ですから政府は、銅銭が使われなくなったことをだまってみていたのではなく、それどころか、たいへんな情熱をもって、使ってもらえるように努力したことになります。

けれども、そんな情熱はかえって逆効果だったでしょう。次は"警察"がなんといってくるかわからない、と恐怖がよけい大きくなっただけです。そのために、ますます銅銭は使われなくなってしまいました。

　一人ひとりにとっては、銅銭が便利なものであることはわかっていました。また、持っている銅銭が使えたらいいと願っていたのです。ところが、みんなが銅銭を使わなくなると、自分も銅銭での買いものはあきらめなければならないのです。こうして、この後200年近く、銅銭は使われなくなってしまったのです。

●京都の市場で仕事をする検非違使と放免。左上の人をつかんでいるのが放免。『年中行事絵巻』より。

外国からやってきた銅銭

■ 布とお米でお買いもの

　984年に銅銭での買いものができなくなってしまった後、人々は何をお金にして買いものをしたでしょうか。みなさんは、「わらしべ長者」というおとぎ話を知っていますか。この話は、もともと11世紀につくられた話で、もちろんつくり話でしょうが、そのころの生活のようすを伝えてくれるのです。

　わらしべ長者の話は、ある貧乏な若者が、観音様にお祈りすると、一本のワラから幸運が始まり、ワラとそれに結びつけたアブがおもしろいといわれて、ミカンと交換し、そのミカンで、のどのかわいた旅人を助けてお礼に布をもらい、その布で死んだ馬を買うと、馬が生き返り、その馬を、引っこしている人に渡して、代わりに家をもらい、ついに幸せになった、というものです。

　この話の中では、まず、布は馬を買うのに使われています。また、馬を売るときには、若者も馬をほしがる相手も、本来は布で売り買いをすべきだと語っています。この意味は、当時の布は、買いものをするときに支払うもの、つまりお金だということです。

　そのほかに、お米もものを買うのに使われました。

●わらしべ長者

◻ 中国からの銅銭

　政府のつくった銅銭は、固い金属でできており、少々の重さの違いや傷があっても、1文、2文と数えて支払いができるので便利です。けれども、政府が勝手に高い値打ちをつけることができるので、いつか値打ちが下がるかもしれないという不安があります。

　その点、布や米で買いものをする方法は、政府が無理やり値打ちをつけるわけにはいかないので、値打ちが大きく変化するという不安はありません。けれども、買いものをするのに便利なのは、布や米といった品物ではなくて、やはり銅銭なのです。

　そういう銅銭は、今度は中国大陸からやってきました。当時、中国は宋という名前でしたから、宋からきた銅銭は宋銭とよばれています。宋銭は、九州のほうでは、すでに11世

●太平通宝
北宋。976年初鋳。

●皇宋通宝
北宋。1037年初鋳。

●治平元宝
北宋。1064年初鋳。

●熙寧元宝
北宋。1068年初鋳。

●元豊通宝
北宋。1078年初鋳。

●大観通宝
北宋。1107年初鋳。

●政和通宝
北宋。1111年初鋳。

●清寧通宝
遼。1055年初鋳。

●大安元宝
遼。1085年初鋳。

●乾統元宝
遼。1101年初鋳。

●門前での物売りのようす。
『餓鬼草紙』より。

紀には貿易をする商人によって持ちこまれていたようです。当時、九州には中国の商人も多く住み着いていたので、貿易を行う商人たちの間では宋銭を使って買いものをする人もいたかもしれません。

その後、1150年ころには、京都の近くでも銅銭は使われ始めました。そして、1179年には、京都の市場でもさかんに利用され始めました。布やお米で買いものをするよりも、宋銭なら、1枚2枚と数えていけば、だれでも値段は理解できます。間違って地面に落としても、すぐによごれはとれるし、使わずに10年

●当時の市場のようす。
『扇面古写経』より。

●建炎通宝
（けんえんつうほう）
南宋。1127年初鋳。

●淳熙元宝
（じゅんきげんぽう）
南宋。1174年初鋳。

●嘉定通宝
（かていつうほう）
南宋。1208年初鋳。

●東国通宝
（とうごくつうほう）
高麗。1097年初鋳。

●海東通宝
（かいとうつうほう）
高麗。1097年初鋳。

●天盛元宝
（てんせいげんぽう）
西夏。1158年初鋳。

●大平興宝
（たいへいこうほう）
安南。970年初鋳。

●正隆元宝
（せいりゅうげんぽう）
金。1158年初鋳。

●大定通宝
（たいていつうほう）
金。1178年初鋳。

間しまっておいても、くさることもありません。これに対して、布だとよごれるのが心配ですし、米も長い間しまっておくと、悪くなったりネズミに食べられたりするおそれがあります。宋銭は、お金として利用するのにとても便利なのです。

それならば、この便利な宋銭を人々が利用することを、政府は喜んだでしょうか。じつは、あまり喜んでいません。政治をしていた貴族の多くが反対していたのです。反対の理由は、物価が混乱するというものでした。なぜ、みんなが宋銭を使い始めると、ものの値段がおかしくなってしまうのでしょうか。

理由はかんたんです。今度はみなさんが、自分が貴族になったつもりで考えてみてください。貴族のみなさんは、それまでたくさんの布や米で、いろいろな買いものができていたのです。ところが今度は、買いものをするときにお店の人から、「米や布ではなくて宋銭で支払ってください」といわれるわけです。こうなると、米や布ではまったく買いものができないというわけではないけれど、たとえば、それまで服がお米10キロで買えたのに、今度は、お店の人からは、お米ならお代は15キロ

いただきますよ、と請求されるでしょう。つまり、お米や布をお金としてたくさん持っている貴族にとっては、宋銭での買いものが流行してくると、自分の持っているお米や布で考えた場合、ものの値段が高くなってしまうのです。だからこそ、貴族たちが世の中の宋銭での買いもののことを問題にするときには、いつも、ものの値段のことをセットにして議論したのです。そうして、宋銭は外国のお金だ、ものの値段がおかしくなる元凶だといって、宋銭を批判したのでした。

それならば、貴族たちは、心の底から宋銭を憎んだでしょうか。みなさんは、もう一度貴族になったつもりで考えてみてください。貴族のあなたは、いつも宋銭は問題なのだと悪口をいっています。けれども、もし、おくりものに宋銭がもらえるといわれれば、どうでしょう。内心、これで買いものができて便利だと、うれしくなるに違いありません。実際、当時の貴族も、裏では宋銭を集めて貯金していたのです。

ですから、貴族の気持ちは複雑です。自分の手持ちのお米や布で買いものがしにくくなる分には、宋銭はとんでもないライバルだけれども、本当は、もらえる分には、お米や布より宋銭のほうがうれしいという気持ちですね。この点、貧乏な人は、もともと買いものをするためのお米や布のたくわえはあまりないのですから、そういう悩みもないわけです。むしろ、宋銭で買いものができるようになると便利になるのですから、それほど宋銭に反対する理由はありません。

けれども、当時の政治をしていたのは貴族です。貴族は、宋銭をどうするかについて議論し、しばしば宋銭を買いものに使うのを禁止しました。けれども、貴族自身が内心は、宋銭をほしがっているのだし、一般の人たちにとっては宋銭は便利なものですから、禁止してもあまり効果がありませんでした。そうするうちに、宋銭はどんどん日本の中にひろがっていき、多くの人がそれで買いものをするようになってしまったのです。

1190年ころに、京都とは別に鎌倉にも政府（鎌倉幕府）がつくられました。鎌倉時代の始まりです。この鎌倉時代を通じて、宋銭はどんどん日本に持ちこまれました。ですから、鎌倉時代の人たちがものの値段を考えるときには、頭の中で宋銭を思いうかべて、「あれは安い、これは高い」と考えたわけです。みなさんが、お年玉の皮算用をするのに、福沢諭吉の顔を思いうかべているのと同じですね。

●借上から銭を借りる女房。銅銭にヒモを通して束にしたものが渡されている。『山王霊験記』より。

●鎌倉時代の地方の市場のようす。『一遍上人絵伝』より。

●男が手にもっているのが、束ねた銅銭。

外国のお金の方が安心！

考えてみれば、なぜ、中国のお金が日本で使われるようになってしまったのでしょうか。日本人が日本で買いものをするのに、外国のお金を使っているというのは、今ではちょっと考えられませんね。

しかも、984年のことを思い出すと、よけい不思議です。そのときは、政府は人々に銅銭を使うように命令したというのに、銅銭はかえって使われなくなってしまいました。ところが今度は、政府が禁止しているのに、人々は宋銭を使うのです。人間というのは、ずいぶん、あまのじゃくなものですね。いったい、宋銭の魅力とは何だったのでしょうか。

もちろん、日本には当時、銅があまりなかったから中国からの銅銭がありがたかったとか、宋銭なら中国の品物が買えたので、宋銭には夢があったとか、その魅力についてはいろいろと考えられています。けれども、ここまでのお金の歴史をふりかえってみてください。私には、宋銭が利用された理由の一つに、宋銭が日本の政府がつくったものでは「ない」ことがあげられると思います。

今では、私たちは自分の使っているお金が不安だという人はいないでしょう。けれども、これまで見てきたように、この時代は、政府がお金の値打ちを勝手に決めたり使うのをやめさせようとしたり、何をいい出すかわからなかったのです。この点、宋銭は日本の政府がつくるものではないですから、政府が勝手に10倍の値打ちをつけても、トクすることはないのです。たとえば政府が、「宋銭1枚は、これまでの10倍の値打ちだ」と命令して、宋銭で無理やり大量の品物を買ったとしましょう。けれども、この場合、政府が税金を受け取るときには、宋銭は10倍の価値なのですから、その結果として、それまでの10分の1の数の宋銭しか受け取れないのです。結局、政府が税金で買える品数に変化はないわけです。つまり、10倍の値打ちで使えと命令しても、政府はトクをしないのです。このように、人々のほうでも、政府がそんなバカげた命令はしないだろうと予想できるので、宋銭なら安心なわけです。

日本の国の銅銭でないから安心できたとい

宋銭よりも古い時代の中国の銅銭。宋銭にまじって、日本で使用された。

●五銖銭
前漢。紀元前118年初鋳。

●貨泉
新。14年初鋳。

●開元通宝
唐。621年初鋳。

うと、日本人なのにずいぶんと日本のことを疑っているなあ、と思う人もあるかもしれません。でも、みなさんだって、お父さんやお母さんより、他人のほうが安心するという場合はありませんか。たとえば、好きな人ができて、あれこれ一人で考えているとき、さりげなく友達に「あの人のことどう思う」なんて、たずねたり相談したりすることはありますよね。けれども、そんなことはお父さんには相談はできません。相談なんかしようものなら、「子どものくせに！　そんなことより、ちゃんと勉強しなさい！」としかられるだけですから。

話が少し脱線したかもしれません。けれども、自分の国の政府がつくったお金は人気がないけれど、よその国の政府がつくったお金のほうは人気があるというのは、何も日本だけにかぎったことではないようです。世界の各地の歴史をしらべると、同じようなことがおこっています。いずれにせよ、当時の日本人が宋銭で買いものをするようになったのは、宋銭が日本のものではなかったから、というのも理由の一つだったのです。

🔴 後醍醐天皇の夢、やぶれたり！

1333年には、鎌倉にあった幕府がたおされて、戦乱の世になってしまいました。けれども、戦争が続いたからといって、みんなが仕事をやめて戦争ばかりしていたわけではありません。農民はお米をつくり、職人はものをつくり、お店をしている人は商売をしていました。ですから、世の中ではお金は必要だったのです。使われているお金は、あいかわらず宋銭です。

ところで、あなたがこの時代に、貴族、役人、あるいは武士として、政治をしていたならば、お金についてどう考えるでしょうか。政治をする人たちは、いろいろなものを買ったり、働いてくれる人に給料を払ったりで、いつもお金には苦労しているのです。けれども、みんなが使っている宋銭の値打ちを勝手に決めたとしても、自分がトクをしないことはわかっています。そうなると、まず考えつ

●後醍醐天皇

くのは、安い銅の破片で銅銭をつくって、宋銭と同じような値打ちで使えれば、たくさんの買いものができるという作戦ですね。

それをしようとしたのが、鎌倉幕府をたおした後醍醐天皇です。うまい具合に、このころ、宋銭の値打ちは世間ではとても高くなっ

ていました。鎌倉時代には、たとえば宋銭1枚でお米が1キロしか買えなかったとすると、このころには、どういうわけか2キロも3キロもお米が買えるようになっていたのです。つまり、安い銅の材料で銅銭をつくれば、それだけでたくさんの品物が買えそうだったのです。そこで後醍醐天皇は、日本の新しい銅銭をつくろうとしたのです。

もう一つ考えたのは紙のお金、つまり紙幣をつくることです。こちらは紙に、たとえば、これは宋銭1000枚と同じ価値だという言葉を印刷して、紙きれ1枚で宋銭1000枚分の買いものをしようとしたわけです。うまくいけば、世間の人も、紙幣1枚の持ち運びで、たくさんの買いものをすることができるのですから、

便利になるでしょう。もちろん、一番トクをするのは、紙に印刷をするだけでたくさんの買いものができる人、つまり後醍醐天皇です。

けれども、この計画は失敗してしまいました。計画しただけで、実際には日本の銅銭や紙幣はつくられなかったともいわれています。あるいは、ほんの少しだけつくられて、すぐに中止になったのかもしれません。いずれにせよ、失敗の原因は人々が新しいお金をほしがらなかったからです。

それなら、どうして人々は日本の新しい銅銭をほしがらなかったのでしょうか。今度はみなさんが、当時の一般の人々になったつもりで考えてみてください。新しい後醍醐天皇のお金は、ピカピカでしょう。一方の宋銭は、

広島県草戸千軒町遺跡

●重要文化財「広島県草戸千軒町遺跡出土品」(提供:広島県立歴史博物館)

広島県福山市にある草戸千軒町遺跡の発掘調査によって、当時の港湾集落のようすがよみがえった。この集落でも、大量の銅銭が使用されていたが、その銅銭は、日本の権力者がつくったものではなく、中国からの銅銭である。銅銭をめぐる人々の独自の選択と行動に対して、権力者は介入することができなかったのである。

銅銭の束。97枚で一つの束。なぜ、100枚の束でないのか、歴史の謎。

出土した甕。中に銅銭が入っている。

出土したばかりの銅銭の束。

もう何百年にもわたって中国人やら日本人やらたくさんの人が買いもので使ってきたものです。ですから、よごれたりすりへったりしています。それならば、ピカピカの銅銭のほうがいいように思うかもしれませんが、これが要注意です。これまで見てきたお金の歴史をふりかえってください。新しい銅銭の値打ちなど、政府がいうようにはならないことはしばしばです。戦乱の中では、命令する政府の人たちが明日生きているかどうかさえわかりません。そんな人の発行した新しい銅銭を、命令どおりに使うのはとても不安ですよね。

それなら、しっかりした政治家が出てきて新しいお金のことを決定すれば大丈夫かというと、これまた、なんだか窮屈でしょう。変な命令が出やしないかと、やはり心配ですよね。この点、よごれてすりへった宋銭は、みんながそれまでずっと使っているというだけで、なんとなく安心なわけです。

何だ、お金の値打ちなんていうのは、そんなにいいかげんなのかと、思うかもしれません。でも、考えてみてください。我々だって、紙でできた日本銀行券というお金の値打ちなど、あまり考えもせずに、ずいぶんとありがたがって使っているではありませんか。なぜ、それで買いものができるのかと、1000年後の未来人に聞かれたら、みなさんはどう答えるでしょうか。きっと、「よくわからないけど、昔から、みんなが使っているから大丈夫」としか、答えられないのではないでしょうか。

室町時代の港町のようす（草戸千軒町遺跡を復元した風景）。

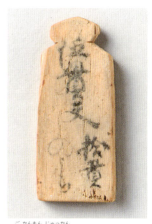

「伍貫文・拾貫のうち」と書かれた木簡。貫は1000文の意味。

銅銭を守る努力が、水のアワ……

■ ニセ金づくりが始まる

　1336年、日本では室町幕府が始まります。ふたたび京都が日本の中心になり、武士が政治を行いました。人々の生活はといえば、お金に関するかぎり、あいかわらず宋銭を使って買いものをする生活が続いていました。もっとも、中国のほうでは、宋という国はモンゴル人によってほろぼされて、元という国ができ、さらに1368年には、その元に代わって、明という国ができました。その間も、中国では銅銭はつくられており、元の銅銭は元銭、明の銅銭は明銭とよばれています。そのうち、明銭は日本にもずいぶんとはいってきています。

　ところが、この明銭は、日本では、始めはあまり人気がなかったのです。材質としておとるわけでもないのに、室町時代の日本人は最初、この明銭をあまり好まなかったようです。その理由は、よくわかりません。それまで日本人はよごれた宋銭になれていたので、新しくてピカピカした明銭は、ニセ金じゃないかと、かえって不安になったのかもしれません。

● 日本と明の間を行き来した貿易船。『真如堂縁起絵巻』より。

●至元通宝
元。1285年初鋳。1335年からの鋳造もある。

●至大通宝
元。1310年初鋳。

●洪武通宝
明。1368年初鋳

●永楽通宝
明。1408年初鋳。

●宣徳通宝
明。1433年初鋳。

　人々を不安にさせるニセ金といえば、今でもときどき、ニセ札をつくって逮捕されたというニュースを見ますね。ニセ金の歴史は古くて、日本でも、708年に和同開珎の銀銭が出されたときには、そのニセ金がすぐに出まわったほどです。今では、お金にかぎらず、料理や商品の偽装表示だとか、高級バッグの偽ブランドだとか、しょっちゅうニュースになっていますね。人間というのは、こりないもので、いつの時代も同じようなことをしているのかもしれません。

　鎌倉時代には、このニセ金づくりの問題はあまりありませんでした。けれども、室町時代にはいって、1500年ごろになると、ずいぶんとニセ金づくりが横行してきたのです。なぜ、鎌倉時代の人はあまりニセ金をつくらなかったのに、室町時代の人はつくったのでしょうか。鎌倉時代の人は、マジメだったからでしょうか。あるいは、鎌倉時代の人は、ニセ金をつくる技術がなかったのでしょうか。

　こういう問題はむずかしいのですが、ニセ金づくりは、1300年前の和同開珎の時代から行われていたのですから、鎌倉時代にその技術がなかったというのはどうでしょうか。また、鎌倉時代にも、マジメな人もいれば悪い人もいたはずです。私は、決定的な違いは室町時代にはいって、だんだんと銅の材料を取り出す方法が進歩してきて、安く銅材が買えるようになったことが原因だと思っています。つまり、鎌倉時代でもニセ金はつくれたのだろうけど、つくるときに買ってくる銅材の値段が高くて、あまりトクにならなかったということです。

　たとえば、ニセの宋銭を100枚つくるために銅材を50文で買って来て、手間をかけて銅銭をつくったとしても、その間に燃料もいるだろうし、余分な費用がかかります。結局、無事にニセの宋銭ができても、できたばかり

の銅銭なのでピカピカして、すぐにニセモノだとバレてしまうでしょう。それでも、ぜんぜん買いものができないわけではないですが、うまくお店で買いものをしようとすると、本当の宋銭と混ぜて使ったり、お店の人には少し多めにはらって妥協したりしなければなりません。こうなると、せっかく苦労してニセ金をつくっても、あまりトクにはならないのです。

ところが、1500年代になってくると、ずいぶん安く銅が手にはいるようになります。こうなると、100枚の銅銭をつくるのに、たとえば、その銅の材料が20文で買えたとすると、燃料費や、使うときに妥協して少々多めに払ったとしても、なおトクする可能性が出てきます。1500年代には、ニセの銅銭が大量に出まわるようになっていました。

ニセ金をつくる一人ひとりは、自分が少しでもトクをしたいと思ってニセ金をつくりました。そういう人たちも、最初はニセ金づくりで、ずいぶんとトクした人もいたかもしれません。ところが、だんだんとニセ金が増えてくると、世間の人たちは、どうも気をつけなければならないと思い始めました。とくに注意しないといけないは、遠くから送られてくるお金です。ふつうの買いものならば、ニセ金が混じっていないか気をつけて、これはニセだとか、これはあやしいから半分の値打ちにしてくれとか、おたがいに相談して売り買いができます。けれども、遠くからお金を送るのには、そういうおたがいの確認ができません。そのために、知人などにお金を送るときには、銅銭はかえって不便になって、銀や金が使われるようになったのです。

●元豊通宝のニセ金

●政和通宝のニセ金

■ ニセ金の問題を解決するために

だからといって、日ごろの生活での売り買いには、やはり銅銭が便利でした。みなさんも、もしこの時代に生きていたとしたら、知らない人との売り買いで急に銀や金を見せられて、これで払いますねといわれても、こまるでしょう。その銀や金が本物なのか、どのくらいの純度なのかは、すぐにはわかりません。やはり、人々が買いものをする分には、銅銭は必要だったのです。

けれども銅銭には、ニセのものがふくまれているので、要注意です。ニセ金が出てきたら、それで買いものはできないとか、いや2

枚で本物の1枚と同じにしようとか、おたがいで相談しないといけません。また、相談したからといって、いつもおたがいが納得したわけではありません。ときには、意見が合わずに、ケンカになることもあるでしょう。

　こうなると、ニセ金問題をおさめるために法律が必要になってきます。16世紀になると、日本は戦国時代とよばれる時期にはいっていて、各地の戦国大名がそれぞれ政治をしていましたから、幕府だけでなく各地の大名が法律をつくっていたのです。彼らが、ニセ金の問題をおさめるためにつくった法律を撰銭令といいます。撰銭令を出した大名には、武田信玄、浅井長政らがいます。それぞれの撰銭令の内容は、ニセ金は使うなとか、3枚で本物1枚と同じだとか、本物と区別なく使えとか、さまざまです。いずれにしても、ニセ金をどうあつかうかを、幕府や大名が決めようとしたのです。

　それなら撰銭令によって、ニセ金問題のトラブルはなくなったのでしょうか。どうやら、そうでもなさそうです。なぜならば、撰銭令は、何度もくり返し出されているからです。何度も出されたということは、じつは、ニセ

●武田信玄像

●浅井長政像

金問題がなくなっていなかったことの証拠なのです。みなさんが、勉強をしなさいといつもしかられているとしたら、じつは、勉強をしていない証拠でしょう。それと同じですね。

繰り返される撰銭令

出された年	撰銭令を出した幕府と大名(回数)
1485年～1518年	大内氏(5回)
1500年～1567年	幕府(19回)
1547年～1559年	武田氏(2回)
1550年～1564年	北条氏(3回)
1556年	結城氏
1566年	浅井氏
1569年	織田信長

織田信長の努力と誤算

　さて、戦国の世の中に、ものすごい人物が出てきました。織田信長という人です。戦がめっぽう強いこの大名は、今の愛知県から出てきて、あっというまに近畿地方まで征服してしまったのです。そのうえ信長に逆らった人は、徹底的にこらしめられました。人々は、信長の強さを思いしらされたのです。

　そして、この信長が1569年に撰銭令を出したのです。信長は、ニセ金のせいで人々の売り買いがうまくいっていないと考えました。そこで、人々が安心して銅銭が使えるように、本物のお金とニセ金の使い方を決めたのです。ところが、それまでの撰銭令はあまり効き目がなかったのに対して、信長の撰銭令は効き目が少し強すぎたようです。1570年ごろから、人々は買いものをするのにも、かえって銅銭を使わなくなってしまい、米や銀をお金の代わりにして買いものをし始めたのです。信長は、みんなに買いものでは銅銭を安心して使ってもらうために、ニセ金の値打ちを決めて、そのとおりに使うように命令したのです。けれども、結果はまったく反対で、人々は銅銭を使う世界から逃げてしまったのです。

　どうして、このようなことになってしまったのでしょうか。みなさんにも、同じような経験はありませんか。先生に勉強しなさいとガミガミいわれて、反対にすっかりやる気がうせてしまった、というのと同じですね。

　もともと、ニセ金の値打ちは、本物の銅銭の半分だとか3分の1だとか、売り買いする人たちが自分たちで相談して決めていたのです。値打ちのことで、折りあわないことがあっても、それでうまくやっていたのです。ところが、撰銭令というのは、ニセ金の値打ちはこうだと決めてしまうわけですから、安心といえば安心ですが、納得がいかない場合も出てきます。そういうときは、こっそりこの法律を無視して、自分たちで相談して、ニセ金の値打ちを決めて売り買いをしていたのです。

　けれども、今度はあの信長の命令です。逆らえば命がなくなるかもしれないと、みんなが真剣に考えたに違いありません。そこで、ニセ金や本物の銅銭の値打ちを気にしなくてもいいように、はじめから銀や米で買いものをしようと思ったのです。多少不便かもしれないけれど、銅銭の使い方が違反だといわれ

●織田信長像

42

●1565年ごろの京都の町並みのようす。『洛中洛外図屏風』より。（米沢市上杉博物館所蔵）

て、捕まって殺されるよりマシ、というところですね。これに対して、信長のほうは、あわてて米や銀をお金として使ってはいけないと命令しました。けれども、もう人々の動きは止まりませんでした。984年のころと同じことがおこってしまったのです。

こうして、だれも使いたがらない銅銭の値打ちは、一気に下がってしまいました。もはやニセも本物もありません。すべて、値打ちのあまりない銅銭になってしまったのです。

その後、信長は謀反で殺されて、いなくなってしまいます。けれども一度、人々の頭の中にお金は銀や米だという考えがめばえてしまうと、今度はそれがみんなの常識になってしまいました。もっとも、銅銭で買いものをする人がいなくなったわけではありません。けれども、それ以前とくらべれば、銅銭で買いものをすることや、ものの値打ちを銅銭で考えるということは、はるかに少なくなってしまったのです。

■ モトのモクアミ

　この後しばらく、人々の生活の中では、買いものをするのには銀やお米が使われました。人々がものの値段を考えるときには、銀やお米の量を思いうかべたのです。ただし、人々がお金として銀を使うようになった理由は、そのいきさつからみても、世の中が発展したからとか、豊かになったからとか、というのではありません。むしろ、人々が自分勝手にニセ金をつくって混乱しているのに対して、とても責任感の強い政治家が出てきて、銅銭の使い方を無理やりに決めてしまった結果、人々が銀を使うようになってしまったのです。しかも、銀は使うなとも命令されていたのですから、政治家の目標とその結果は、ぜんぜん違ってしまったわけです。こうして銀や米をお金として使う生活が始まります。この後の時代に、お金の姿がどのように変化していくのかは、「江戸時代」の巻のお話です。

　さて、結局1570年くらいから、人々は、700年ころと同じように、銀でものの値段を考えるという生活にもどってしまったことになります。1300年前には、自分の国で銅銭

さまざまな仕事と豊かな生活。『洛中洛外図屏風』より。（米沢市上杉博物館所蔵）

● 床屋——看板には、はさみなどの絵が描かれている。

● 一服一銭——抹茶一服を安く商う。

● 野菜の購入——束ねた銅銭で支払っている。

● 米屋と運搬用の馬

をつくってみたり、また、800年前には、中国から銅銭を持ってきて使ってみたりしたというのに、モトのモクアミといったところでしょうか。もちろん、人々の生活のレベルは、900年前と同じではありません。おいしいお茶、おふろ屋さん、あるいはもめんの暖かい着物など、700年ごろにはなかったものが楽しめて、人々の生活はとても豊かになっていました。それにもかかわらず、お金の姿はもとにもどってしまったのです。

それならば、人々が、何を使って買いものをするのか（つまり何をお金にするか）ということは、どのようにして決まったことになるのでしょうか。ここまでのお金の歴史を見て、みなさんはどのように思いますか。

私は、それぞれの時代に生きた人たちの真剣さやズルさ、あるいは期待や不安といった、いろいろな気持ちがからみあった結果、思いもよらない方向の「ちから」ができてしまい、その「ちから」によって、お金は生まれたり消えたりしたのだと考えています。

●ふろ屋──髪を洗うサービスもある。

●念仏踊りの華やかな服装

●扇屋──進物用に絵扇を買い求める。

●猿回し──猿に芸をさせてお金をかせぐ仕事。

●著者略歴

井上正夫（いのうえ・まさお）

1964年、香川県生まれ。京都大学大学院経済学研究科博士課程修了。博士（経済学）。著書に、『古地図で歩く香川の歴史』（同成社）、『宋代の長江流域』共著（汲古書院）、『宋銭の世界』共著（勉誠出版）がある。

ビジュアル
日本のお金の歴史【飛鳥時代〜戦国時代】

2015年11月25日　初版1刷発行

著者　　井上正夫
発行者　荒井秀夫
発行所　株式会社ゆまに書房
　　　　東京都千代田区内神田2-7-6
　　　　郵便番号　101-0047
　　　　電話　03-5296-0491（代表）

印刷・製本　　株式会社シナノ
本文デザイン　川本要
イラスト　　　高橋利奈

©Masao Inoue 2015　Printed in Japan
ISBN978-4-8433-4794-2 C0633

落丁・乱丁本はお取替えします。
定価はカバーに表示してあります。